EMF3-0053
合唱楽譜＜J-POP＞
J-POP CHORUS PIECE

合唱で歌いたい！J-POPコーラスピース

女声3部合唱

桜坂

作詞・作曲：福山雅治　合唱編曲：田中和音

●●● 曲目解説 ●●●

福山雅治が2000年にリリースした楽曲。福山雅治本人の実体験をもとに作られたこの曲は、発表されてから何年経った今でも絶大なる人気を誇る甘く切ないラヴ・バラードです。この合唱楽譜は、ピアノの切ない音色とコーラスの優しさあふれるハーモニーに、自ずと一言一言を大切に歌いたくなるアレンジです。歌詞と音楽と歌声が寄り添い合える、素敵な女声合唱に仕上がっています。

【この楽譜は、旧商品『桜坂（女声3部合唱）』（品番：EME-C6007）とアレンジ内容に変更はありません。】

合唱で歌いたい！J-POPコーラス

桜坂

作詞・作曲：福山雅治　合唱編曲：田中和音

© 2000 AMUSE INC. & UNIVERSAL MUSIC PUBLISHING LLC

MEMO

桜坂

作詞：福山雅治

君よずっと幸せに
風にそっと歌うよ
愛は今も　愛のままで

揺れる木漏れ日　薫る桜坂
悲しみに似た　薄紅色

君がいた　恋をしていた
君じゃなきゃダメなのに
ひとつになれず

愛と知っていたのに
春はやってくるのに
夢は今も　夢のままで

頬にくちづけ　染まる桜坂
抱きしめたい気持ちでいっぱいだった

この街で　ずっとふたりで
無邪気すぎた約束
涙に変わる

愛と知っていたのに
花はそっと咲くのに
君は今も　君のままで

逢えないけど
季節は変わるけど
愛しき人

君だけが　わかってくれた
憧れを追いかけて
僕は生きるよ

愛と知っていたのに
春はやってくるのに
夢は今も　夢のままで

君よずっと幸せに
風にそっと歌うよ
愛は今も　愛のままで

MEMO

MEMO

エレヴァートミュージックエンターテイメントはウィンズスコアが
展開する「合唱楽譜・器楽系楽譜」を中心とした専門レーベルです。

ご注文について

エレヴァートミュージックエンターテイメントの商品は全国の楽器店、ならびに書店にてお求めになれますが、店頭でのご購入が困難な場合、下記PC＆モバイルサイト・FAX・電話からのご注文で、直接ご購入が可能です。

◎PCサイト＆モバイルサイトでのご注文方法

http://elevato-music.com

上記のアドレスへアクセスし、WEBショップにてご注文ください。

◎FAXでのご注文方法

FAX.03-6809-0594

24時間、ご注文を承ります。上記PCサイトよりFAXご注文用紙をダウンロードし、印刷、ご記入の上ご送信ください。

◎お電話でのご注文方法

TEL.0120-713-771

営業時間内に電話いただければ、電話にてご注文を承ります。

※この出版物の全部または一部を権利者に無断で複製（コピー）することは、著作権の侵害にあたり、著作権法により罰せられます。

※造本には十分注意しておりますが、万一、落丁・乱丁などの不良品がありましたらお取り替えいたします。また、ご意見・ご感想もホームページより受け付けておりますので、お気軽にお問い合わせください。